GLODI OFETE

VAINCRE OU CONVAINCRE

GLODI OFETE

VAINCRE OU CONVAINCRE

2 Stratégies Universelles de Domination

Éditions Croix du Salut

Imprint
Any brand names and product names mentioned in this book are subject to trademark, brand or patent protection and are trademarks or registered trademarks of their respective holders. The use of brand names, product names, common names, trade names, product descriptions etc. even without a particular marking in this work is in no way to be construed to mean that such names may be regarded as unrestricted in respect of trademark and brand protection legislation and could thus be used by anyone.

Cover image: www.ingimage.com

Publisher:
Éditions Croix du Salut
is a trademark of
Dodo Books Indian Ocean Ltd. and OmniScriptum S.R.L publishing group

120 High Road, East Finchley, London, N2 9ED, United Kingdom
Str. Armeneasca 28/1, office 1, Chisinau MD-2012, Republic of Moldova, Europe
Printed at: see last page
ISBN: 978-620-6-16816-4

Première édition, Août 2023

VAINCRE OU CONVAINCRE

2 STRATÉGIES UNIVERSELLES DE DOMINATION

Glodi Ofete

Sommaire

Remerciements

De tout cœur j'exprime ma profonde reconnaissance pour tous ceux qui ont contribué d'une manière ou d'une autre à la réalisation de cet ouvrage : parents, amis et collègues.

Votre apport a beaucoup servi à l'amélioration de ce qui était dès le départ qu'une fine pensé peut-être très insignifiante d'ailleurs. Aujourd'hui tout est agencé et cela servira à des générations actuelles et à venir.

Une fois de plus MERCI INFINIMENT...

Préface

Dominer pour vaincre ou convaincre et atteindre la victoire.

Des termes d'une autre époque dirait d'aucun, et pourtant ils sont d'actualité.

Par ce livre, le pasteur Glodi OFETE a voulu nous faire redécouvrir des aspects permettant d'exercer la domination enfouie en nous depuis la création du monde.

Sans être un livre religieux mais écrit sur la base de versets bibliques savamment choisis, le pasteur Glodi à travers son écrit nous rappelle la toute première fonction de l'homme à savoir le désir de dominer.

À tout ceux qui doutent de la bonté de Dieu et de son souhait de faire de nous des victorieux sous tous les aspects ce livre est le bienvenu.

À tos ceux qui ont perdu espoir après plusieurs échecs, à ceux qui ont perdu confiance en un lendemain meilleur de victoire, cet ouvrage est venu à point nommé pour redonner la force nécessaire de recommencer, toujours recommencer et de ne jamais abandonner.

KPEGOH Mawutoé
Délégué médical

Avant-propos

Dominer est la raison d'être de chaque humain dans cet univers. Lorsque l'Homme ne parvient plus à controler son environnement, il devient dominé et par conséquent, incapable de s'épanouir.

Dominer n'est pas une question religieuse. La religion ne saurait donc nous l'apprendre; car cela ne relève pas de son domaine. Les religieux ont certes leur cercle d'influence, mais ils n'ont pas les atouts definitionnels de la domination.

Dominer est une fonction universelle pour la race humaine. Elle est naturelle en chacun de nous. Mais parfois non active.

Ce livre traite de deux aspects qui vous permettront d'exercer la domination tel que fonctionnel en vous depuis la création de l'homme.

Introduction

Domination. C'est important que cela soit le tout premier mot à lire dans ce livre car il sera le sujet principal de la suite de chaque page, chaque titre énoncé, chaque paragraphe et chaque mot utilisé.

Dominer est la raison d'être de l'homme dans cet univers. Les humains sont des êtres à caractère dominant sur leur environnement.

Dominer n'est pas une affaire de religion. La religion ne saurait nous l'enseigner ou même nous la présenter convenablement. Car cela ne relève pas de son domaine d'action. Les religieux ont certes leur cercle d'influence, mais ils n'ont pas les atouts definitionnels de la domination.
En effet, "la religion pure et sans tâche devant Dieu", d'après les paroles de l'apôtre Jacques, à prendre sois des orphelins et des veuves et à se préserver des souillures du monde. Voire dans son premier chapitre de son épître à son dernier verset.

J'ai toujours trouvé que c'est ça la meilleure définition de la religion qui soit: prendre soin des nécessiteux et se garder de la souillure.

Alors pourquoi j'ai tenu par pointer du doigt la religion ? Tout simplement par que ce je me servirai de ce que bon nombre des religieux utilisent même pour castrer l'humain de sa force dominatrice: la Bible. Je tiens à préciser que ceux qui adoptent de telle position le font à tort. Par ingnorance ou en âme et conscience, les religieux devraient reconsidérer les principes et fondements des Écritures. Cela permettra à l'homme de mieux se connaître et de maîtriser son environnement.

La Bible sera mon matériel didactique pour nous emmener à définir efficacement la domination à l'aide de deux stratégies universelles : vaincre ou convaincre. Ces deux notions sont commutatives à juste quelque dizaine près.

Chapitre 1: DOMINE

Depuis Novembre 2022, j'ai reçu quelques instructions au dedans de mon esprit et la plus forte était :DOMINE !!! Du coup toutes mes publications gravitaient donc tout au tour du thème de la domination.

Très vite un internaute va me faire la remarque suivante: " Pourquoi ce grand désir de dominer à tout prix? " Ma réponse à cette question ne sera pas la même ici du point de vue sémantique. Mais sa question est très pertinente dans ce monde où les choses semblent être masquées. La vérité est plus difficile à comprendre et à admettre. La corruption est si enracinée dans la majorité que la lumière semble devenir ténébreuse.

Voici ma réponse qui convient à sa question. Le désir de dominer parce que c'est la toute première fonction de l'homme. Tout comme le téléphone à pour première vocation d'aider à passer des appels, l'être humain vit pour dominer sur son environnement.

Genèse, 1:26 LSG "Puis Dieu dit: Faisons l`homme à notre image, selon notre ressemblance, et qu`il domine sur les poissons de la mer, sur les oiseaux du ciel, sur le bétail, sur toute la terre, et sur tous les reptiles qui rampent sur la terre."

D'après ce passage biblique, nous comprenons clairement que l'homme existe pour dominer sur son environnement. Le premier verbe que Dieu conjugue comme fonction de l'homme est "qu'il domine".

Malgré que cela vienne directement du livre des religieux, ces derniers, pour la plupart, vont vous exiger de vous soumettre à la bassesse en menant une vie ne reflétant pas votre vrai potentiel.
Par bassesse je ne vois pas seulement le péché qui est leur cheval gagnant, mais surtout la médiocrité qui est devenue la marque de fabrique des gourous religieux. En voilà une vérité à se dire, avec amour bien-entendu.

À ce niveau c'est à toi de faire ton choix. Soit croire à ce message d'aliénation aveugle que prônent ces personnes non éclairées ou encore peu éclairées, ou soit d'accepter cette vérité selon laquelle tu existes pour dominer. C'est à dire exceller dans la maîtrise de ton monde, ton environnement et ton univers.

Dominer veut dire gouverner, avoir la domination, subjuguer, régner en souverain, triompher, donner la victoire, prendre, surveiller, fouler aux pieds, assujettir, dévorer. Voilà ce que l'homme doit refléter.

Pour dominer, il suffit juste de savoir vaincre. C'est-à-dire gagner dès le premier coup et s'imposer. Comme je sais que je m'adresse à des personnes réelles et non des esprits juste intangibles, alors parfois il arrive qu'au lieu de marquer sa victoire d'un coup, qu'il s'en suive échec plutôt. Dans ce cas, la stratégie de conviction doit intervenir.

N'adopte pas l'esprit d'échec en toi, change de stratégie et convainc. Tu es là pour vaincre, à défaut faut convaincre. Autrement dit, contourner pour atteindre ta Victoire, sans compromis.

La toute première définition de la vie c'est la victoire. Ce qui définit biologiquement chaque être vivant est d'abord sa capacité à vaincre. Il a fallu que tu puisses gagner la course spermatique pour ovuler et être cette personne viable que tu es aujourd'hui.

Ces quelques mots qui suivront ont pour intention de te reconnecter à ton vrai toi originel longtemps ignoré. Te permettre de vivre victorieusement selon le plan et l'objectif de ton existence. Te placer face à la vérité indéniable selon laquelle tu es un être dominateur et l'inverse est une usurpation de ton identité.

Dispose juste ton esprit à bien digérer la suite de notre exposé. Car ton salut en dépend et celui de plusieurs autres aussi dernière toi.

En effet, plus tu seras toi originel, plus tu seras épanoui(e) et prospère à tous égards.

La suite n'est rien d'autre qu'une invitation à te redécouvrir et à accepter cet être puissant que tu es. Oui tu es effectivement appelé(e) à manifester la puissance et l'autorité. C'est ainsi que ton environnement te sera pleinement soumis.

Chapitre 2: VAINCRE

Simplement défini depuis le dictionnaire électronique, vaincre renvoie au fait de remporter la victoire sur un ennemi, sur un rival, sur un concurrent.

Est qualifiée de vainqueur toute personne qui a l'art de savoir comment surmonter les obstacles qui s'érigent sur sa route. Une personne qui se montre indomptable face à l'adversité. Une personne qui ne tient pas compte de la taille de son ennemi lors d'une bataille. Une personne qui tire sa victoire loin des apparences et des préjugés. La seule chose qui l'intéresse c'est se positionner à l'estrade des champions en fin de compte.

Voici les verbes à conjuguer tous les jours si tu veux briser les limites qui empêchent de vivre victorieusement: Combattre, faire la guerre, attaquer, consumer, conduire, contrer, livrer bataille, se battre, soutenir, assiéger, vaincre, manger à table.

Le succès est un état d'esprit des vainqueurs

Jusqu'à ce que tu ne puisses réaliser que le succès est un état d'esprit, le monde continuera à te paraître utopique en terme de réussite.

Le succès te semblera impossible tant que ton esprit n'accepte pas que tu peux expérimenter une vie de victoire. Il doit tout d'abord avoir un changement de paradigme mental. Ton homme extérieur reflète tes convictions de réussite ou d'échec internes.

Tu dois laisser à ton esprit d'accepter que tu peux changer la donne; commence par instruire à ta pensée que la richesse n'est pas étrangère en toi. Enseigne à ton être intérieur que ta vie est une preuve de victoire et que c'est pas maintenant que tu lâcheras prise.

Je t'invite à croire que toi aussi tu vivras le succès dans tes projets personnels et dans ta carrière professionnelle; tu dois croire que ton mariage sera un succès et que tu épouseras la bonne personne qui t'aidera et que tu aideras en retour. Il n'y a rien de pire comme échec de mariage. Ton esprit doit et devrait déjà programmer la victoire là dessus et non attendre le vivre d'abord et se révéler victime. Choisis et programme ta victoire dès à présent. Et ce dans tous les domaines de ton choix. Le succès, la victoire, se préparent et ils sont tous programmables.

Ton esprit doit vaincre les forces de pesanteur enfin d'expérimenter aussi la capacité et la liberté de voyager où tu veux et avec qui tu le veux, en famille, entre amis, en couple,etc. Tous ceux qui le font sont pareils à toi à la seule différence qu'ils ont eu à programmer leur succès un peu plus tôt.

il n'est jamais trop tard. Toi également tu réussiras si tu appliques les mêmes principes. Ça commence par ton état mental. Le début de toute victoire repose dans la capacité à croire que dans tout ceci tu seras victorieux.

Tu peux surmonter n'importe quel défi

Ce qui t'a mis à terre hier peut être vaincu aujourd'hui. La même chose qu'on a eu à utiliser pour t'humilier aujourd'hui peut se transformer en levier de propulsion pour un avenir meilleur.

Pourquoi se cramponner sur les échecs du passé ? Sors de ton lit, fais du footing s'il le faut, habilles-toi convenablement et va combattre tes anciennes frustrations. Quelqu'un a dit "aujourd'hui est un autre jour". À chaque jour suffit sa peine.

il n'y a rien d'insurmontable dans cette vie. Tout peut changer si tu le veux vraiment. Ici on parle d'un vouloir qui se solve dans l'action et non juste des souhaits sans passer à l'exécution.

Les défis sont les pains chauds des champions. Si tu veux faire partie de la League des champions, tu dois apprendre à faire face aux différents challenges de la vie.

Une chose est sûre, Goliath fût tué par le jeune David. Toi également tu remporteras haut la main tous ces défis qui se présentent à toi aujourd'hui.

Que la honte du passé ne te fasse pas croire que c'est définitivement fini. Tu peux renaître même de tes cendres. Tu peux surmonter n'importe quel défi qui se présente à toi aujourd'hui. Hier tu as failli? Et puis quoi encore? Aujourd'hui est un jour nouveau. l'Eternel a renouvelé ses bontés à ton égard. Que tu le ressentes ou pas, c'est un fait.

<u>Lamentations 3</u>:22-24
"...Les bontés de l'Eternel ne sont pas épuisées, Ses compassions ne sont pas à leur terme; Elles se renouvellent chaque matin. Oh! que ta fidélité est grande! L'Eternel est mon partage, dit mon âme; C'est pourquoi je veux espérer en lui...."

Chapitre 3: CONVAINCRE

Convaincre, c'est intimider.
Jean-Marie Poupart

Chaque élément qui sera abordé dans cette grande deuxième partie, vient en aide pour travailler l'art de convaincre.

Solidifie tes convictions

Plusieurs personnes commettent l'erreur de vivre leur vie selon les termes des convictions d'une autre personne, d'une autre religion, d'une autre philosophie, d'un parti politique, etc..

Solidifier tes convictions te permet de vivre sans frustration extérieure, être toi même tout en t'améliorerant au fil du temps.

La conviction est la croyance qui motive ton être tout entier à soutenir ou rejeter une pensée, une idée, une logique... Forcer de marcher à contre courant de ce que nous croyons comme vrai endommage et fragilise notre capacité à mieux produire.

Seule la conviction fonde les plus grands systèmes du monde à travers de l'histoire. De la religion à des empires coloniaux en passant par des multinationales, la conviction en une idée maîtresse en est le fondement.

Met un frein à tout ce qui lutte contre tes propres convictions. Pour les chrétiens par exemple, l'apôtre Paul lorsqu'il s'adressa aux croyants de Rome, souligna que tout ce qui n'est pas fruit d'une conviction est un péché.

Arrête de vivre ta vie pour plaire aux autres au détriment de ta propre réalisation en tant qu'individu. Cela ne t'aidera jamais ni toi même ni même ceux qui sont autour de toi. Il existe des gens qui ne peuvent briller que lorsque toi tu brilleras. Par ta lumière, ils voient la lumière. Certains encore n'attendent que la révélation de ta victoire pour qu'ils soient aussi appelés des vaillant héros.

Personnellement, j'étudie autant que possible la Parole de Dieu pour affermir mes convictions.

Crois que c'est possible

La Victoire relève de la croyance. La force, la rapidité, la compétence, la beauté, le physique, le charisme, le charme, l'intelligence, l'habileté... sont tous des ingrédients qu'on ajoute dans la sauce des vainqueurs mais pas la source de leur victoire.

La Victoire est avant tout une affaire de croyance. Tu dois croire que tu peux avant de savoir comment tu le feras.

Le lion n'est pas le fort de la forêt; il n'est pas non plus le plus intelligent, ni le plus rapide, en seul mot sa victoire du trône vient de sa foi. Et cette croyance lui confère la bonne attitude de roi.

Ton attitude déterminera ton altitude. L'attitude de foi produit toujours le miracle. Alors crois que c'est possible peu importe la grandeur de ce rêve que tu as reçu.

Identifie l'adversaire

On ne parle de victoire que lorsque un ennemi est bien défini. Tu dois changer ta conception de l'adversité. Elle n'est pas là juste pour te nuir mais son rôle consiste à prouver ta force et ton courage.

Il n'existe pas de victoire sans adversaire.
Il n'existe pas de réussite sans étude.
Parfois il faut même un échec voire plusieurs échecs qui pourraient être cet adversaire que tu dois combattre pour remporter ta victoire.

Affronte les héros

Nous avons tous reçu une très mauvaise éducation selon laquelle le monde est subdivisé en différentes classes sociales. Du moins pour la grande majorité. En réalité, c'est la soit disante "haute classe" qui en est auteur. C'est la malhonnêteté des faux éclaireurs. Faut briser ce paradigme et enseigner aux pauvres qu'on y accède le jour où on en prend pleinement conscience et la décision ferme de voir les choses changer.

C'est en affrontant les puissants que tu aiguiseras tes compétences et te positionneras par conséquent à la classe des héros. Réveille le lion qui dort en toi en faisant face rigide à tout défi se présentant devant toi. Crois-moi tu y arriveras. Tu réussiras car en toi coule le sang des vainqueurs.

Chapitre 4: LA VICTOIRE

Celui qui pense que la victoire ne
compte pas ne gagnera jamais rien
Pelé

Le Wiktionnaire définit la victoire comme:

- *un avantage qu'on remporte sur les ennemis dans une guerre, dans une bataille.*

- *la personnification du succès dans le combat.*

- *l'avantage qu'on remporte sur un rival, sur un concurrent, etc.*

La Victoire relève du spirituel

Nous avons commencé par dire que la victoire est un état d'esprit mais c'est plus fort que ça. La victoire elle même est une production totalement "made in the spirit". Elle a pour plein domaine le monde spirituel. Le drame que je constate est que ceux qui ont des succès significatifs essaient par contre de rendre cet aspect caché au grand public. D'une part aussi le grand public se démontre le plus souvent moins réceptif à cette vérité.

Jésus-Christ du haut de sa trentaine à peine impacte puissamment son époque d'ailleurs on en parle encore jusqu'à ce jour, se verra abordé par le Dr. Nicodème par rapport à ces succès. Sa réponse fut simple : il faut naître d'esprit. Pour dire beaucoup plus simplement que la victoire est spirituelle. Pour vaincre véritablement, tu dois naître d'esprit. Tu dois tirer tes ressources de l'Esprit.

Les griffes de la Victoire

Partout où la victoire surgit la marque s'installe. Pour savoir si tu as déjà vaincu regarde juste si par ton succès une marque à pris naissance. Les leaders d'opinion qui réussissent à vaincre dans leur domaine laissent toujours des noms marques: Christianisme, islam, kimbaguisme, nazisme...

Arrête de penser que ta vie est tout ce que tu as déjà fait surtout tant qu'aucune marque n'est encore sortie de toi. La victoire fait partie de l'information génétique en toi. Il est temps de travailler intelligemment et laisser la marque de ta victoire en ton nom.

Travail sans Victoire=esclavage

Manquer la victoire jusqu'à partir de ce monde est une insulte à ta vie. Aucun de tes proches n'osera te le dire ouvertement. Car nous tous nous apprecierons avoir un Nelson Mandela comme membre de famille. Non pour sa célébrité mais sa bravoure, son courage. Et c'est la victoire.

Je ne te demande pas de te surmonter, non. Mais révèle toi. Laisse que le soleil luise sa lumière sur toi aussi. Laisse voir ton homme intérieur, la femme forte et courageuse en toi. Si tu ne manifestes pas cette victoire alors tu vis en victime; simplement dit tu es esclavage; incapable de vivre tes choix.

J'ose croire que ton travail laissera des traces de succès qui traverseront des générations.

Pas de Victoire sans coaching

Les athlètes ont dû certainement comprendre avant nous que la victoire découle d'un bon coaching.

Le coach n'est pas forcément plus habile que toi dans ta fonction; néanmoins son travail consiste à observer les angles que tu ne pourrais voir et qui influencent ta performance.

Le célèbre et legendaire, Michael Jackson, avait pour coach musical un adolescent de 14 ans. Et crois moi que ce garçon ne faisait pas juste figure de coach mais apportait considérablement sur la carrière du roi de la pop.

le coaching est indispensable pour quiconque souhaite remporter des victoires dans un domaine quelconque.

Un bon coaching vaut plusieurs victoires

J'ose croire que tu as déjà eu à enregistrer d'une manière ou d'une autre au moins une victoire. La question est de savoir à présent pourquoi le succès ne se perpétue pas dans ta vie. C'est l'absence d'un mentor ou d'un bon coach. Tu dois considérer ce que le coaching de qualité pourrait apporter dans tes résultats.

La Victoire se conjugue efficacement au présent. Même si tu dois parler de tes résultats impressionnants du passé, garde toujours à l'esprit que cela doit produire une victoire nouvelle; elle doit servir à impacter la nouvelle génération.

Invoque la Victoire

La Victoire ne vient pas aussi facilement. Tu dois l'invoquer; il faut appeler une vie de succès pour la voir. Tu dois aller la chercher, frapper des portes pour qu' on puisse te donner accès à la Victoire. Elle ne vient jamais dans un plateau bien servi. Sinon sois conscient qu' un travail a été achevé quelque part avant que cette opportunité apparemment facile ne te parvienne.

Toute Victoire en aval provient d'un travail bien fournit en amont. Toute opportunité qui te parvient sans difficulté a dû brader un nombre incalculable de problèmes avant de se présenter à toi. Ne foule jamais la grâce aux pieds. La grâce est un don qui ne se trouve que dans des endroits qui lui sont bien appropriés. Elle n'est pas disponible en tout lieu. Pareil avec la victoire, elle a ses dispositions qui lui sont propres. Tu dois l'invoquer si tu remarques son absence. Car tu as dans tes veines le sans de la victoire.

La Victoire garantit La Vie

La Victoire garantit la vie et cela est même prouvé biologiquement. Lorsque tu étais encore informe sous forme de spermatozoïde, il a fallu que tu remportes ta première victoire face à des millions d'autres spermatozoïdes. Waouh! Mon travail consiste à ramener à ta mémoire ton tout premier exploit scientifiquement démontré.

Ta vie n'est garantie en rien d'autre que sur ta victoire. Tu dois vaincre et continuer à vaincre davantage jusqu'à ce que tu sois qualifié(e) de plus que vainqueur.

La Victoire crie

Souvent j'écoute comment certaines personnes raisonnent en disant que la vraie réussite se fait dans la discrétion. Quel esprit mensonger ! Écoute bien ceci: là où victoire est, l'amplificateur se branche automatiquement. Tu peux travailler certes en mode silencieux mais sache que si ton travail produit des résultats victorieux, on criera cela sur tous les toits.

Je ne te demande pas de faire un tapage médiatique pour te faire voir mais de travailler jusqu'à ce qu'on clame tes exploits. Ton succès doit être streamé. Sinon sache que tu n'as pas encore remporté une victoire signicative sur le plan social.

L'objectif n'est pas de chercher les feux des projecteurs sur toi; mais de les attirer par ton travail efficace et stratégique. Rappelle toi toujours que la victoire d'un travail silencieux crie toujours: c'est gagné !

La Victoire est impitoyable

Imagine un seul instant Mohamed Ali avoir pitié de son adversaire Foreman en ce fameux mercredi du 30 Octobre 1974 à Kinshasa. Il frappa sans vergogne, l'humilia pour toute l'histoire de la boxe.

Tu dois faire pareil. Ton adversaire rôde comme un prédateur prêt à engloutir sa proie. Ne te laisse pas aller par des mots gentils. Apprend la ténacité et riposte sans complaisance à tout ce qui se dresse contre ton succès.

Défonce mais suivant les règles du jeu. Souviens-toi qu' Il existe forcément l'arbitre du combat de la vie quelque part. Attention !

L'usine productrice de la Victoire

À dire vrai, la vie est trop simple mais c'est nous les humains qui la rendons chose ultra complexe. J'ose croire que chacun de nous a au moins une idée géniale qui lui surgit de je ne sais de quelle planète. Prend cette idée et joins la à ce que tu as entre les mains puis observe ce qui se produit : la victoire!

Les mains produisent tes idées. Tu ne perds absolument rien à essayer. Ne dit-on pas que qui ne tente rien n'a rien? Même le roi Salomon enseigna de semer semer semer jusqu'à ce que résultats apparaissent.

Ecclésiaste 11:6 "Dès le matin sème ta semence, et le soir ne laisse pas reposer ta main; car tu ne sais point ce qui réussira, ceci ou cela, ou si l`un et l`autre sont également bons."

La Victoire engloutit la mort

Le 26 juin 2003 à Lyon, un lion indomptable expire pour la dernière fois en plein match de demi-finale de la coupe des confédérations au stade Gerland. Je parle bel et bien de Marc Vivien Foe; ce grand joueur international français d'origne camerounaise.

À cet époque tragique, je n'étais qu'un petit gamin qui courait par ci par là dans les rues du quartier Jean Vespa, à Yaoundé. Cependant, une phrase se médiatisa à l'occasion et elle est devenue même comme un verset biblique en moi: un lion ne meurt jamais mais il dort. Autrement dit: sa victoire a englouti la mort.

La Victoire est salvatrice

Jonathan, Prince du trône du roi Saül en Israël rapporte une grande victoire à son peuple. La Bible rapporte dans le livre 1 Samuel 14: 45 que son peuple le sauva de la mort à cause de sa victoire. Une grande leçon pour les systèmes de succession à la con père et fils dans nos institutions. Je pense que le peuple s'en fou de la personne qui succède tant que le rendement est honorable.

Dites leur de mettre fin à leurs mesquineries et de vaincre les problèmes socio-économiques des pays africains et le peuple sauvera leur prochaine candidature. Sélah.

Chapitre 5:
CONSEILS PRATIQUES

La voie de l`insensé est droite à ses yeux,

Mais celui qui écoute les conseils est sage.

Proverbes 12:15

Ouvre grand tes oreilles

Tu peux fermer volontiers n'importe quel autre appareil sensoriel sans l'aide d'un membre sauf tes oreilles. Les oreilles sont faites pour écouter en permanence et ce même dans un profond sommeil.

Ne t'es-tu jamais poser la question de connaître le pourquoi? Sinon j'ai l'honneur de t'instruire que l'information est plus que la respiration provenant de l'oxygène.

Nous sommes plus dépendants des paroles qui nous parviennent que de l'air que nous respirons. Si tu reçois la mauvaise information ta vie sera totalement déformée.

Alors ouvre grand les oreilles où on parle de progrès, prospérité, guérison, miracle, accomplissement, restauration, promotion, création d'entreprise... Car ta victoire en dépend largement. Ta bouche libère ce que ton eille a rempli ton cerveau avec.

La bonne information

Les plus grands terroristes des vies humaines ne sont pas ces extrémistes d'opinions macabres. Pour ma part, je trouve que la propagande des meurtres terrorise plus que les porteurs d'armes illégalement.

Lorsque les armes sont adulées dans vos cinémas, vos journalistes vous pompent en longueur de journée que des nouvelles dramatiques; à quoi vous attendez-vous au retour?
Quiconque sème le vent récolte la tempête. Privilégions les meilleures réalisations pour inciter à plus des meilleures réalisations.

la bonne information est semblable à une bonne semence qui doit produire un champ de transformation honorable.

On trouve la bonne information dans la bonne source. Tu rêves de devenir une personne à succès dans les affaires, prend du temps à étudier ceux qui le sont déjà

Exerce la sélection

Je vais appeler la loi de la sélection, la capacité à exercer un choix minutieux sur la qualité des informations que tu laisses intégrer dans ton système de pensée.

Chaque information que tu reçois ne peut que jouer l'une des deux fonctions suivantes: soit te former ou te déformer. La prochaine fois que tu suivras même un journal télévisé, veille à te rappeler de ce principe. Un bon entendeur s'aligne, dit-on.

Les films que tu suis, les pages où tu es abonné(e) même au nom du divertissement ou de la religion; soit c'est une formation en terrorisme, infidélité... ou plutôt une formation de personnes qui innovent des choses dignent de louange et d'approbation.

Tu n'as pas besoin d'un leader religieux pour te dire que la consommation d'alcool n'est pas bon pour tes performances si par exemple tu es athlète. Tu choisis judicieusement quoi mange, quoi assimiler...

Les ennemis d'une vie victorieuse

1▪ Le manque de préparation. La victoire est se prépare. Elle ne s'improvise pas.

2▪ La peur. La peur est l'illusion la plus dévastatrice des capacités héroïques.

3▪ La pseudo religion. Chef en aliénation.

4▪ Ceux qui ont vu ton passé insignifiant...

5▪ Les faux leaders manipulateurs. Ce sont des loups ravisseurs des grandes destinées.

6▪ Les dirigeants égoïstes. Ils sont aveugles.

7▪ L'incrédulité. Heureux ceux qui ont cru.

8▪ L'hyperactivité sexuelle.

9▪ La confiance aveugle au système.

10▪ Le doute. Seule la foi libère des doutes.

Prépare ton cheval

" On prépare les chevaux pour le jour du combat, mais c'est l'Éternel qui donne la victoire." Proverbes 21:31

Très chers croyants, avant que votre Dieu ne puisse vous apporter la victoire ultime escomptée, prenez la peine de vous équiper au préalable pour la bataille. J'ai finalement compris à l'aide du Saint-Esprit que même Dieu n'apprécie pas la tendance que bon nombre des églises ont développée, celle des retraites de délivrance au nom d'un bon boulot alors que la compétence de l'individu est d'un profil bas. Avant de me porter critique, rassurez-vous d'avoir lu et relu la phrase précédente.

David, le plus grand psalmiste de la Bible a chanté un jour que Dieu exerce ses mains au combat. Frères, armons nous efficacement. Préparons nos chevaux pour le jour du combat. La victoire tangible dans ce monde, ne se donne pas facilement. Elle se prépare.

Quoi faire au juste

Investis-toi sans réserve. Crache tout le morceau car tu ne sais pas ce que peut enfanter l'instant d'après.

Forme-toi afin de donner forme à toutes tes idées. Équipe-toi parce que la seule différence entre les vainqueurs et les victimes est que les premiers sont préparés à affronter les défis qui se présentent et prêts à confronter toute résistance; ils sont aussi aptes à surmonter tous les obstacles de la vie.

Ferme les oreilles aux découragements des uns et des autres pour te concentrer sur ce qui fera de la victoire ton mode de vie.

Il faut du courage

Le courage n'est pas l'absence de la peur mais le goût de lui faire face. Le courage est la réponse naturelle la mieux adaptée en situation de crise que la majorité des personnes ignorent et par conséquent, passent à côté de leurs victoires.

Tu peux voyager, explorer le monde, expérimenter la liberté financière et vivre la vie de tes rêves à cause du courage et rien que le courage.
Pour que Josué réussisse à bien ses projets et son leadership, Dieu ne lui a pas demandé de prier. Il lui a dit prend courage et sois fort car c'est toi qui fera entrer ce peuple dans son héritage. À lire au premier chapitre du livre portant son nom, au verset six.

Tu peux lancer ton propre business et croire en son développement, travailler dessus avec acharnement et vaincre la pauvreté générationnelle de ton village natal. La Victoire est en ta portée juste par ton courage.

Stop aux gourous

Combats avec ta dernière énergie s'il le faut tout système de pensée qui étouffe ton expression personnelle.

La religion telle définie dans la plupart des dictionnaires est dévastatrice. En tout cas c'est mon point de vue et mon entendement. Moi je m'identifie à Christ et je ne vous imposerai jamais mes convictions sur son message et ma foi en Lui, par exemple!

Quiconque essaie de vous assommer avec ses croyances enfreint à votre liberté de jugement. Et si vous êtes chrétiens sachez que Christ est venu pour nous libérer des gourous et n'a jamais envisagé de nous soumettre à un autre joug de servitude. C'est pour la liberté que Christ nous a affranchi.
Voire Galates, chapitre cinq au premier verset

La religion pure consiste à prendre soin des orphelins et des veuves et se préserver des souillures du monde et non asservir autrui.

Crucifie tes échecs

La loi juive stipule que maudit est quiconque pendu au bois. Et lorsque la foule criait de crucifier Jésus elle avait oublié que l'un de leurs ancêtres prophètes majeurs révéla que c'est de leurs douleurs qu'il (Christ) se chargeait. C'est de leurs iniquités qu'il (Christ) se chargeait à cette croix de malédiction. En d'autres mots, Jésus crucifiait leurs imperfections du passé. Car Lui-même Jésus n'a jamais eu à enfreindre à leur loi. Face à la justice il était inaccusable.

Pareil pour toi, crucifie tous tes anciens manquements. Crucifié tes échecs ; crucifie tes imperfections...

La vie c'est devant. Et quiconque envisage te ramener derrière crucifie le. Dis lui ma victoire est devant. J'avance et je refuse de faire marche arrière.

Quel leader suivre

Une vie de succès continue repose sur la qualité du leadership qui l'influence. Nous sommes tous influencés d'une manière ou d'une autre par un leadership quelconque. Or ce qui t'influence te guide.

Il est donc capital de reconnaître dans quel type de conduite tu es soumis(e), ou mieux, influencé(e). Apprendre à différencier le leader mesquin du leader visionnaire, te sera très salutaire si tu veux être de ceux qui remportent des victoires.

La force de la vision du leadership est fonction d'où il emmène ceux qui sont guidés. La richesse, l'épanouissement des guidés est plus important que la gloire du leader. Réalisez-vous cela chers leaders ?

Chers leaders, comprenez que votre gloire sera indubitable à la puissance de la gloire de vos disciples. Sinon c'est de la manipulation que vous faites et non du leadership. Le leader est celui qui polit l'étoile du disciple.

Crois en toi même

Aide-toi et le ciel t'aidera. Crois en toi même et les portes s'ouvriront à toi. Personne d'autre ne pourrait exercer la foi à ta place. La foi d'une personne peut te donner des béquilles mais ta propre foi peut te hisser à la classe divine et mettre en oubli la présence des insuffisances.

La foi est une affaire de maintenant. Tu ne la mets pas au frais. Tu ne la conserves pas. Tu dois la consommer à l'instant T. La foi pourrit à la minute d'après. Elle n'est pas conservable mais renouvelable. Elle concrétise nos espoirs et est le fondement nécessaire pour acquérir les choses auxquelles nous aspirons. La foi est la preuve de ton imagination. C'est la ferme décision des choses qu'on espère et la démonstration de celle qu'on ne voit pas. Dit le onzième chapitre aux Hébreux à son premier verset. Et la suite au verset 6, il est monté que le lisible procède toujours de l'invisible seul par canal de la foi.

Tout est possible à celui qui croit. Les limitations ne sont que mentales et ce, même si tu les perçois avec tes sens.

Mythe ou réalité, une chose est sûre les murs de Jéricho s'écroulèrent rien que par la louange; c'est-à-dire les obstacles tangibles peuvent tomber rien que par ta foi. Fais ton vœu et le reste s'inscrustera. Crois en toi.

Affirmations pour une vie de Victoire

Si tu pratiques ces affirmations qui suivront régulièrement, il sera impossible que tu subisses encore les affres des échecs dans ta vie. Tu affirmes ta victoire en méditant ces paroles:

J'ai vaincu le système de ce monde.
La loi qui asservit et paralyse les bonnes idées n'aura plus jamais d'influence sur mes projets.

Je rêve grand, je prie sans cesse, je planifie intelligemment, je me développe chaque jour et j'excelle en chaque saison.

J'atteins mes objectifs de chaque saison.
Je ne subis plus mais j'innove.

J'apporte de la valeur à quiconque s'attend de recevoir de moi quelque chose...

La Victoire Ultime se découvre en Jésus Christ

Tout ce qui est né de Dieu triomphe du monde; et la victoire qui triomphe du monde, c'est notre foi. Qui est celui qui a triomphé du monde, sinon celui qui croit que Jésus est le Fils de Dieu?

1 Jean 5:4-5 LSG

Nous savons que nous sommes de Dieu, et que le monde entier est sous la puissance du malin. Nous savons aussi que le Fils de Dieu est venu, et qu'il nous a donné l'intelligence pour connaître le Véritable; et nous sommes dans le Véritable, en son Fils Jésus-Christ. C'est lui qui est le Dieu véritable, et la vie éternelle.

1 Jean 5:19-20 LSG

À propos de l'auteur

Glodi OFETE est au service ecclésiastique depuis son plus jeune âge en tant que choriste, instrumentiste, technicien en logistique, intercesseur, modérateur, conducteur de culte, président des Jeunes, trésorier et prédicateur à l'église Action Apostolique Internationale au Cameroun.

Il se verra attribué l'importante fonction de chargé de mission, par la haute hiérarchie administrative nationale de ladite communauté, à peine ses débuts à la vingtaine d'âges; comme pour dire qu'aux âmes bien nées, la valeur n'attend point le nombre d'années.

Pour des raisons d'études, Glodi est appelé à se rendre à Istanbul où il étudie davantage sur des sujets informatiques à la prestigieuse Istanbul Aydin University couronnés d'un stage en entreprise sur la Programmation.

Entre temps, il va servir auprès du Dr. L.B. David Pacha, visionnaire de la plus grande église francophone d'Istanbul, l'Assemblée Chrétienne Internationale en Turquie.

En 2020, il fonde à Kinshasa ensemble avec le Berger Aristote M. de l'église Porte de L'Orient, la Corporation Internationale Jeunesse Amour Inconditionnel-CIJAI. La même année alors qu'il coordonne l'organisation, elle parvient à toucher plus de 11 000 personnes en ligne avec juste une petite équipe composée des novices pour la plupart.

Aussi auteur de quelques œuvres dévotionnelles telles que "Jour-J Faveur", "Tasse d'amour CIJAI", "La Prière Prophétique"

Le Pasteur Glodi suit et encourage des personnes partout dans le monde autant que sur le plan spirituel que d'autres domaines relevant d'un coaching personnalisé.

VAINCRE OU CONVAINCRE

2 STRATÉGIES UNIVERSELLES DE DOMINATION

Glodi Ofete

Dominer est la raison d'être de l'homme dans cet univers. La race humaine existe pour exercer la domination sur son environnement; sans quoi elle gise dans la frustration de part et d'autre.

Cet ouvrage est un mélange entre la réédition de mon livre numérique "Ta Vie de Victoire" et sa suite complémentaire. Il y a donc un ajout des idées pour que le lecteur ou la lectrice de la précédente édition enrichisse davantage ses stratégies pour une vie de victoire quotidienne. Les deux aspects stratégiques présentés vous permettront d'exercer la domination tel que fonctionnel en vous depuis la création de l'homme.

Printed by Books on Demand GmbH, Norderstedt / Germany